this journal belongs to

First Printing 2022

My Index

Topic	Page(s)

Topic	Page(s)

Topic	Page(s)

Topic	Page(s)

N
O
T
E
S

N
O
T
E
S

N
O
T
E
S

N
O
T
E
S

N
O
T
E
S

N
O
T
E
S

N
O
T
E
S

N
O
T
E
S

N
O
T
E
S

N
O
T
E
S

N
O
T
E
S

N
O
T
E
S

N
O
T
E
S

N
O
T
E
S

N
O
T
E
S

N
O
T
E
S

N
O
T
E
S

N
O
T
E
S

N
O
T
E
S

N
O
T
E
S

N
O
T
E
S

N
O
T
E
S

N
O
T
E
S

N
O
T
E
S

N
O
T
E
S

N
O
T
E
S

N
O
T
E
S

N
O
T
E
S

N
O
T
E
S

N
O
T
E
S

N
O
T
E
S

N
O
T
E
S

N
O
T
E
S

N
O
T
E
S

N
O
T
E
S

N
O
T
E
S

N
O
T
E
S

N
O
T
E
S

N
O
T
E
S

N
O
T
E
S

N
O
T
E
S

N
O
T
E
S

N
O
T
E
S

N
O
T
E
S

N
O
T
E
S

N
O
T
E
S

N
O
T
E
S

N
O
T
E
S

NOTES

N
O
T
E
S

N
O
T
E
S

N
O
T
E
S

N
O
T
E
S

NOTES

N
O
T
E
S

N
O
T
E
S

N
O
T
E
S

N
O
T
E
S

N
O
T
E
S

N
O
T
E
S

N
O
T
E
S

N
O
T
E
S

NOTES

NOTES

N
O
T
E
S

N
O
T
E
S

N
O
T
E
S

N
O
T
E
S

NOTES

N
O
T
E
S

N
O
T
E
S

N
O
T
E
S

N
O
T
E
S

N
O
T
E
S

N
O
T
E
S

N
O
T
E
S

NOTES

N
O
T
E
S

NOTES

N
O
T
E
S

N
O
T
E
S

N
O
T
E
S

N
O
T
E
S

N
O
T
E
S

N
O
T
E
S

N
O
T
E
S

N
O
T
E
S

N
O
T
E
S

N
O
T
E
S

N
O
T
E
S

N
O
T
E
S

N
O
T
E
S

N
O
T
E
S

N
O
T
E
S

NOTES

N
O
T
E
S

N
O
T
E
S

N
O
T
E
S

N
O
T
E
S

N
O
T
E
S

N
O
T
E
S

N
O
T
E
S

N
O
T
E
S

N
O
T
E
S

NOTES

www.ingramcontent.com/pod-product-compliance
Lightning Source LLC
Chambersburg PA
CBHW050250010526
44107CB00003B/259
9781959114000